Christian Friedl
Francis Ray Hoff

Alte Lebensart

Christian Friedl · Francis Ray Hoff

Alte Lebensart

Liebenswürdige Gastlichkeit
Behagliches Wohnen
Traditionelle Handwerkskunst

mit 140 Fotos

LangenMüller

Bildnachweis
Christian Friedl: 12–23, 34, 38, 42, 46, 50, 54, 58–63, 72–75, 84, 85, 89, 102–103, 106–113, 115–119, 120, 121, 123
Francis Ray Hoff: 2, 7–11, 24–33, 36, 37, 40, 41, 44, 45, 48, 49, 52, 53, 56, 57, 64–69, 76–83, 86, 87, 90–101, 104, 105, 114, 122, 124–143, 146–151
»Kitzbühel for Friends«, DT Collection: 70, 71
Mathias Kessler: 144, 145

Kontakt:
Einrichtungswerkstätte Christian Friedl GmbH
Planung – Einrichtung – Gestaltung
Mühlau 1, A 6383 Erpfendorf / Tirol,
Telefon: +43 664 342 0024
www.christian-friedl.com

Besuchen Sie uns im Internet unter:
www.langen-mueller-verlag.de

Herausgeber: Francis Ray Hoff
Rezepte und Foodstyling: Francis Ray Hoff
Umschlaggestaltung: Wolfgang Heinzel
Motive: Christian Friedl, Francis Ray Hoff
Herstellung und Satz: VerlagsService Dr. Helmut Neuberger
& Karl Schaumann GmbH, Heimstetten
Gesetzt aus der Stone Serif
Gesamtherstellung: Print Consult GmbH, München
ISBN 3-7844-3010-4

Inhalt

Vorwort *7*

Die Alte Lebensart *8*

Türen und Eingänge *14*

Christian Friedl *24*

Bauerngärten *30*

Küchen *34*

Esstische *60*

Schnapsbrennen *64*

Glasmacher *68*

Stuben *72*

Bibliothek *74*

Gamsjagd *76*

Ofenbau *84*

Kamine *88*

Balkone *94*

Treppen *102*

Keller *104*

Schlafräume *106*

Bäder *112*

Arbeiten mit Stein und Grotto *120*

Wirtschaftsraum *122*

Ein Haus im Wandel der Jahreszeiten *124*

Schmiedearbeit *132*

Sauna *134*

Schwammerl *136*

Trachten *138*

Loden *142*

Picknick *146*

Rezeptverzeichnis *152*

Vorwort

Die Alte Lebensart – die Kunst, eine gelungene Verbindung von traditionellem und modernem Lebensstil zu schaffen. Alte Lebensart strahlt Gastlichkeit aus, Gemütlichkeit und gleichzeitig Funktionalität. Streichen Sie einmal mit der Hand über ein altes Möbelstück – spüren Sie Patina, Unebenheiten, die Maserung? Alte Materialien leben und strahlen etwas von dem Zauber und Charme aus, dem wir immer wieder erliegen und der unsere Lebensräume zu etwas Besonderem und Persönlichem werden lässt.

Lassen Sie sich in unsere Welt entführen, die eine oder andere Idee lässt sich auch in weniger traditionellen Häusern umsetzen – schließlich handelt es sich bei der Alten Lebensart um Freude am Leben! Zutaten sind die Geschenke der Natur, gutes Essen, Gemütlichkeit und Wärme, all das, was uns modernen Menschen manchmal fehlt.

Wir haben in diesem Buch das Alte mit dem Neuen kombiniert, Wohn- und Lebensträume in Bildern und Texten eingefangen und wünschen Ihnen für die kommenden Seiten viel Vergnügen!

Christian Friedl

Francis Ray Hoff

Die Alte Lebensart

Ein klassischer Tiroler Hof mit dem frei stehenden Backhaus, wo alle zwei Wochen Brot gebacken wurde.

Früher kamen die Bewohner der Seitentäler vom großen Inntal selten aus ihrem eigenen Tal heraus, bis nach Innsbruck kamen sie schon gar nicht. Die Herrschaft über die Landstriche wurde, wie bei einem historischen Pokerspiel, hin- und hergeschoben zwischen Bayern und den Habsburgern, aber es änderte wenig am Leben der Bergbauern und Handwerker. Sie bauten ihre Höfe mit Blick nach Süden, um die Wärme der Sonne einzufangen, und im rückwärtigen Teil des Hauses war der Stall mit dem Vieh, sodass also im Winter noch Wärme von der Nordseite herkam. Als Baumaterial nahmen sie das, was ihnen an Ort und Stelle zur Verfügung stand: hauptsächlich Holz. Unter den unzähligen Holzhäuser, die heute noch als Gasthöfe oder Bauernhöfe bewirtschaftet werden, gibt es viele, die aus dem siebzehnten Jahrhundert stammen und nicht nur Patina, sondern auch eine urige Gemütlichkeit ausstrahlen, obwohl sie inzwischen mit jedem modernen Komfort ausgestattet sind.

Es mag Spaß machen, Beton, Stahl und Glas hinter sich zu lassen und ein paar Tage auf der Alm zu verbringen, ohne Strom, mit Wasser aus dem Brunnen, einem mit Holz geheizten Küchenherd, Petroleumlampen und einem Plumpsklo, aber auf Dauer kann ein moderner Mensch nicht auf Badewanne, Fön, Tiefkühltruhe, Spülmaschine, Fernseher oder Faxgerät verzichten.

Daher sind die folgenden Seiten ein Plädoyer, die alte Lebensart der Alpenländer mit dem Fortschritt des einundzwanzigsten Jahrhunderts zu vereinen. Also nichts Museales, kein Waschbrett mit Kernseife, kein Kuhmist als Isolierung, aber die Gemütlichkeit von Holz, die gesunde Wärme eines Kachelofens, die Vorteile eines richtig angelegten Kellers und die Freude an allem, was der Berg hergibt, vom Wild bis zu den Kräutern.

Bemalte Fassade eines Bauernhofes

Ein moderneres Haus mit Blick nach Süden

Jahrhundertelang wehrten sich die Bergbewohner gegen Eindringlinge. 1643 gelang es den Tirolern, die Schweden am Klausenbach, der damaligen Grenze zum salzburgischen Brixental, aufzuhalten. Noch heute steht dort eine Kapelle mit der Inschrift:

»Bis hierher und nicht weiter
kamen die schwedischen Reiter!«

Während der Napoleonischen Kriege führte Andreas Hofer, der »Sandwirt« aus St. Leonhard im Passeier Tal, die Tiroler gegen die Übermacht der Bayern und Franzosen.

Aber mit der Erschließung der Alpen für den Tourismus änderte sich alles. Durch die Fertigstellung der Giselabahn 1875 wurde die Reise nach Kitzbühel für Sommertouristen erleichtert. März 1893 fuhr Franz Reisch

zum ersten Mal vom Kitzbüheler Horn ab, mit Skiern, die er aus Norwegen importiert hatte. Am 26. Juni 1929 wurde die erste Hahnenkammbahn in Betrieb genommen und nach dem Zweiten Weltkrieg fing der Wintersport an, sich zu einem wichtigen Industriezweig zu entwickeln. Hotels und Häuser im alpinen Stil wurden gebaut, Handwerk und Gastronomie gediehen und obwohl dem Gast jeder gewünschte Luxus gewährt wurde, vom Whirlpool bis zum Aufzug, wurde die Tradition, die alte Lebensart, nicht vergessen – was nicht unbedingt dazu verpflichtet, eine Brotzeitglocke auf einen Neubau zu setzen! Heutzutage wird fast so viel Golf und Tennis im Gebirge gespielt wie Wintersport getrieben, aber es werden noch Häuser mit Schindeldächern gebaut, es wird mit Kachelöfen geheizt, Loden getragen, Bergkäse hergestellt, Kaiserschmarrn und Gröstl gegessen, mit wildem Thymian und Bärlauch gewürzt, Blaubeeren gepflückt und Eierschwammerl gesammelt – *the simple things of life!*

Eine Jagdhütte an der Baumgrenze

Die perfekte Verbindung zwischen Alt und Neu – ein Traumhaus nahe Kitzbühel

Türen und Eingänge

Eine Eingangstür in klassischem Tiroler Stil, angefertigt aus alten Fußbodenbrettern mit modernem Klimakern und neu angefertigter Türklinke. Der Boden ist aus alten, ausgetretenen Solnhofener Steinplatten.

Eine Fichtenholz-Tür nach traditioneller Tiroler Art
mit original Oberfläche

Eine Haustür aus altem Fichtenholz und original
Oberfläche mit Fischgrätmuster

Der Kaminraum einer restaurierten Villa aus der Jahrhundertwende. Die Täfelung ist aus sorgfältig abgewaschener und farblos gewachster Eiche aus Boiserien, gehörend zu einem französischen Renaissance-Schloss. Die alte Kaminfassung ist aus Marmor, der Kamin wurde innen jedoch neu gebaut.

Die Trophäenwand in diesem Vorraum wurde aus gehackten Fichtenseiten aus Abbruchbalken gezimmert.

Die Kassettendecke in diesem
Billardraum stammt aus einem
Nordtiroler Bauernhaus.

Christian Friedl

In einem Landstrich, wo der Wald bis ins Tal herunterwächst und hauptsächlich mit Holz gebaut wird, ist es kein Wunder, wenn ein Junge sich von Kindheit an vornimmt, Schreiner zu werden oder Tischler, wie man in Tirol sagt. Christian Friedls Urgroßvater war Zimmerer und Kirchenbaumeister und sein Großvater Zimmermeister, aber sein Vater Maschinenbauer. So kam es, dass er erst über Umwege zu seinem Beruf fand. Nach der Schule absolvierte er eine Lehre als Installateur und Heizungsbauer, studierte zwei Jahre auf der Technischen Anstalt für Maschinenbau und wurde erst danach ein diplomierter Tischler und Innendesigner.

1985 eröffnete Christian seine erste Schreinerei in einer alten Werkstatt für Tischlerei und Särge in Going. Bis zu dem Zeitpunkt wurde in der Werkstatt nur während des Sommers gearbeitet und die Maschinen mussten noch mit einer alten Bändertransmission angeschlossen werden. Er baute die Werkstatt um, danach war es »ein steiniger, harter Weg«, bis sein Einsatz zu seinem heutigen Erfolg führte. Er erkannte von Anfang an, dass es wichtig war, auf den internationalen Handwerks- und Designmessen präsent zu sein, und verstand es, alte Bautradition mit moderner Technik zu kombinieren. Er arbeitete mit altem Baumaterial, Holz, Schmiedeeisen oder Stein, bestand auf höchster Qualität und konnte mit kreativem Design überzeugen. Seine Lehre als Maschinenbauer hat ihn zum Fanatiker fürs Detail gemacht und egal, ob er mit Fichte, Lärche, Marmor oder Stahl arbeitet, es wird immer sein Gefühl für Patina sein, das den Entwurf prägt.

Heute beschäftigt er zwanzig Schreiner in seinem Betrieb in Erpfendorf bei St. Johann, aber seine Arbeit beinhaltet auch einen umfassenden Service für jede Bautätigkeit, vom Grundstückskauf bis zur Bauaufsicht, von Bayern bis Italien, von der Schweiz bis Kroatien. Wenn er nicht gerade auf einer Messe oder einer Baustelle tätig ist, schaltet er sein Handy aus, nimmt Rucksack und Büchse und geht auf die Jagd. Wie viele Jäger ist er auch ein begeisterter Koch, hat seinen eigenen Kräutergarten mit allen heimischen Küchenkräutern und bereitet seine Beute zu nach Rezepten aus allen Regionen der alten k. & k. Monarchie, von Venedig und Dalmatien bis Budapest und Prag.

Christian Friedl in seiner Küche: Vorbereitung für den Tiroler Schweinebraten

Dieses Marmor-Spülbecken ist aus einem Stück gehauen und breit genug, um darin die größten Töpfe oder Bräter abzuwaschen.

Ein alter Bergkäse mit Stangensellerie, der am besten schmeckt, wenn der erste Frost schon da war.

Christians Tiroler Schweinsbraten

Die Trockenmarinade

Ein Braten braucht eine gewisse Größe, um saftig zu bleiben und seinen vollen Geschmack zu entwickeln. Als kalter Braten schmeckt er auch und eignet sich bestens für ein Gröstl.

Für 4 Personen:

- 2 Kilo Schweineschulter mit Schwarte
- Salz
- Pfeffer aus der Mühle
- 1 EL Kümmel
- 3 Knoblauchzehen
- einige Schweinerippen
- Butterschmalz zum Anbraten
- 2 EL Honig
- 500 ml Bier
- $^{1}/_{2}$ Knollensellerie
- 6 mittelgroße, speckige Frühlingskartoffeln
- 3 Karotten
- 2 Zwiebeln
- 1 Stange Lauch
- 1 große Petersilienwurzel
- einige Zweige Rosmarin
- einige Zweige Thymian

Das Gemüse wird angebraten.

Die Schwarte vom Braten rautenförmig einschneiden und eine Trockenmarinade aus Salz, Pfeffer, Kümmel und Knoblauchscheiben herstellen. Den Braten und die Rippen damit einreiben und in einem Bräter auf der Herdplatte mit Butterschmalz von allen Seiten anbraten.

Fleisch und Gemüse werden in den Bräter geschichtet.

Das Fleisch und die Knoblauchscheiben aus dem Bräter nehmen und zur Seite stellen. Den Honig in einem Drittel des Biers auflösen. Die Kartoffeln halbieren und das restliche Gemüse in grobe Stücke schneiden. In dem Bräter anbraten, mit Salz und Pfeffer würzen und mit Bier und Honig ablöschen.

Den Braten und die Rippen darauf legen, Rosmarin- und Thymianzweige dazugeben. Im Ofen etwa zwei Stunden braten und von Zeit zu Zeit mit Bier übergießen.

... und so kommt der Braten zu Tisch, mit einem guten Schluck Veltliner

Bauerngärten

Der richtige Bauerngarten bestand schon immer aus einer bunten Mischung von Blumen und Gemüse.

Schnittlauch darf nie fehlen.

Gemüsegärten gedeihen auch in erheblichen Höhen, wie dieser Garten gerade unterhalb der Baumgrenze.

Christian Friedls Kräutergarten.

Küchen

Diese klassische blaue Küchenfarbe entsteht aus handgestrichenem Acryllack. Die Arbeitsplatte ist aus geölter Buche.

Lammkeule mit Rosmarin

Blühender Rosmarin

Für 4 Personen:

2 Zwiebeln	1 gut abgehangene Lammkeule
2 Scheiben Sellerie	Salz
2 Karotten	Pfeffer aus der Mühle
1 Stange Lauch	300 ml Fleischbrühe
Butterschmalz zum Braten	1 Bund Rosmarin

Die Zwiebeln grob hacken, den Sellerie in Würfel, die Karotten und den Lauch in Scheiben schneiden und das Gemüse in einem Bräter anbraten.

Das Fleisch mit Salz und Pfeffer würzen, dazugeben, die Brühe dazugießen und die Keule im Ofen etwa 2 Stunden braten. Von Zeit zu Zeit übergießen, für die letzte halbe Stunde die Rosmarinzweige dazugeben und mit dem Gemüse servieren.

In Frankreich würde man auf jeden Fall Knoblauch dazu nehmen.

Auf der anderen Seite der Küche steht ein Grundofen mit dazu passenden blauen Fliesen, der sowohl zum Kochen als auch zum Heizen genutzt wird.

Ein klassisches ungarisches Gulasch

Köche streiten sich, ob zuerst das Fleisch angebraten werden soll oder die Zwiebeln, aber eigentlich ist es egal, da die angebratenen Zwiebeln und das Fleischstück mit Brühe bedeckt werden. Die zerdrückten Pellkartoffeln werden dazugegeben, um die Sauce sämiger zu machen.

Für 4 Personen:

- 3 Zwiebeln
- 1 Scheibe Sellerie
- 3 EL Schweineschmalz
- 1200 g Rindsgulasch
- Salz
- 3 EL Paprikapulver edelsüß
- 1 TL gemahlener Kümmel
- 2 Knoblauchzehen
- 3 rote Chilis (oder Cayennepfeffer)
- 1 Lorbeerblatt
- $^1/_2$ l Rinderbrühe
- 400 g Tomatenfleisch
- 3 mittelgroße Pellkartoffeln, zerdrückt
- 1 rote Paprika

Die Zwiebeln grob hacken, den Sellerie in Würfel schneiden und in einem Gulaschtopf in Schmalz anbraten, bis die Zwiebeln glasig werden. Das Fleisch dazugeben, auch anbraten und mit Salz, Paprika, Kümmel, Knoblauch und den Chilischoten würzen. Das Lorbeerblatt und das Tomatenfleisch dazugeben und mit Brühe ablöschen.

Zugedeckt etwa 1 $^1/_2$ Stunden dünsten, bis die Fleischstücke weich werden, und eventuell Brühe nachgießen. Für die letzten 10 Minuten die in Rauten geschnittene Paprika und die zerdrückten Kartoffeln dazugeben.
In einer Terrine, mit einem Klecks saurer Sahne dekoriert, servieren.

Diese Wohnküche hat einen Grillkamin. Der Tellerrahmen hing früher über der Spüle, damit die Teller abtropfen konnten.

Saiblinge mit Lorbeer und Wacholder

Bachsaiblinge unterscheiden sich von Seesaiblingen fast ausschließlich durch einen schwarzen Streifen an der bauchseitigen Beflossung. Kulinarisch unterscheiden sie sich von ihren Verwandten, den Forellen, durch weniger Fett.

Für 2 Personen:

2 Saiblinge à 300 g	12 Lorbeerblätter
Salz	8 Wacholderbeeren
weißer Pfeffer	Mehl
Butterschmalz	1 EL Essig

Die Saiblinge ausnehmen, gut waschen und trockentupfen. Die Fische mit Salz und Pfeffer innen und außen würzen und zur Seite stellen.
In einer Fischpfanne Butterschmalz erhitzen, die Lorbeerblätter und die Wacholderbeeren darin kurz ziehen lassen. Die Saiblinge in Mehl wenden, in die Pfanne legen und auf beiden Seiten goldgelb braten.

Die Fische auf vorgewärmte Teller legen, den Essig in die Pfanne geben, den Wacholder und den Lorbeer entfernen, kurz umrühren und die Sauce über die Fische verteilen.

Die Decke dieser Küche war ursprünglich eine Trenndecke und gleichzeitig der Fußboden zum Raum darüber. Die Kühl- und Gefrierschränke wurden mit Holz verkleidet.

MCM
2002
MCM

Gefüllte Martinigans

Zum Martinsfest gehört ein Gänsebraten genau wie zu Weihnachten und, wenn man die Gans füllt und schön langsam brät, bleibt sie innen saftig und außen knusprig.

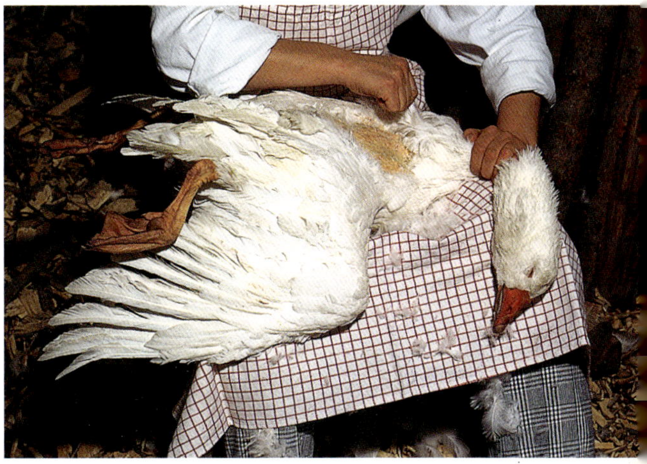

Für 4 Personen:

400 g Hackfleisch vom Schwein	Salz
1 küchenfertige Gans mit Herz und Leber	Pfeffer aus der Mühle
75 g gekochter Schinken	1/2 Bund gehackte Petersilie
1 1/2 Zwiebeln	gerebelter Majoran
Butter	1 Ei
2 Karotten	1 Scheibe Sellerie
5 EL gefrorene Erbsen	1/2 Stange Lauch
	300 ml Hühnerbrühe

Das Hackfleisch in eine Rührschüssel geben. Die Leber und das Herz hacken, den Schinken in Würfel schneiden und dazugeben. Die Zwiebeln hacken, in Butter glasig braten, abkühlen lassen und dazugeben. Eine Karotte in kleine Würfel schneiden und mit den Erbsen dazugeben. Mit Salz, Pfeffer, Petersilie und gerebeltem Majoran würzen und mit einem Ei vermengen.

Die Gans innen salzen, mit der Mischung füllen und mit einem Spieß verschließen. Salzen und pfeffern, mit der Brust nach unten in einen Bräter legen und die Brühe dazugießen. Das restliche Gemüse grob schneiden, dazugeben und zugedeckt 1 Stunde im Ofen dünsten. Den Deckel abnehmen und den Rücken 10 Minuten bräunen.

Die Gans wenden, wieder zudecken und etwa 2 1/2 Stunden fertig dünsten. Für die letzten 10 Minuten den Deckel vom Bräter abnehmen und die Brust bräunen. Anschließend das Fett von der Sauce abschöpfen, die Gans tranchieren und mit Wintergemüse, gebratenen Kartoffeln und einem Spätburgunder servieren.

Die meisten Orte in Tirol sind mit Gasleitungen versorgt, sodass ein Gasherd direkt angeschlossen werden kann. Die Esse zu diesem Herd ist oben gemauert und mit einem Holzbalken eingefasst. Die Inneneinsätze sind aus Filtern, die in der Spülmaschine gesäubert werden können.

Tafelspitz wird meist mit Spinat und Röstkartoffeln serviert, aber Wintergemüse und Sauerrahmsauce passen auch bestens dazu.

Tafelspitz mit Sauerrahmsauce

Für 4 Personen:

- 2 l leichte Fleischbrühe
- $^{1}/_{2}$ Weißkrautkopf (ca. 1 kg)
- 2 Scheiben Sellerie
- 2 Stangen Lauch
- 3 Petersilienwurzeln
- 1 kg Tafelspitz
- $^{1}/_{2}$ Bund Thymian
- 6 rote Chilis
- 1 Bund Karotten
- 10 Schalotten

Für die Sauerrahmsauce:

- 300 g Sauerrahm
- 200 g durchwachsener Räucherspeck
- 1 Bund Schnittlauch

Die Brühe in einem Topf mit Dampfeinsatz zum Kochen bringen. Das Weißkraut ohne den Strunk, den Sellerie, den Lauch und die Petersilienwurzeln in Stücke schneiden. Das Kraut im Dampfeinsatz garen, damit die Stücke nicht auseinander fallen, zur Seite stellen und zudecken. Die Lauch- und Selleriestücke in der Brühe blanchieren und zu dem Kraut im Dampfeinsatz geben.

Nun beim Fleisch das Fett von der Oberseite entfernen. Anschließend den Tafelspitz, den Thymian, die Schwarte vom Speck und die Chilis in die Brühe geben und 2–2 $^{1}/_{2}$ Stunden kochen, bis das Fleisch weich wird. Nach und nach die Karotten, die Petersilienwurzeln und die Schalotten mitgaren und anschließend zu dem Gemüse im Dampftopf geben.

In der Zwischenzeit für die Sauce den Speck in Würfel schneiden, kross braten und auf Küchenkrepp abkühlen lassen. Den Schnittlauch in Röllchen schneiden und zum Sauerrahm geben. Vor dem Servieren die Speckwürfel einrühren.

Das Gemüse im Dampfeinsatz aufwärmen, das Fleisch in Scheiben schneiden und mit dem Gemüse auf eine vorgewärmte Platte legen. Mit Brühe beträufeln. Mit Salzkartoffeln und der Sauerrahmsauce servieren und, wenn Sie wollen, etwas zerlassene Butter zu dem Gemüse reichen.

Rindfleisch-Salat

Wenn etwas Roastbeef übrig bleibt, kann es zu einem sehr schönen Fleischsalat verarbeitet werden. Die kalten Fettreste müssen aber weggeschnitten werden.

Für 2 Personen:

- 3–4 Scheiben kaltes Roastbeef
- 1/2 Spitzpaprika
- 1/2 Karotte
- 1/2 Zwiebel
- 2 TL grüner Pfeffer

Vinaigrette:

- 3 TL scharfer Senf
- 2 Prisen Salz
- 3 EL Essig
- 6 EL Öl

Das Fleisch in Streifen von 3–4 cm schneiden und auf eine Platte legen. Paprika und Karotte in feine Scheiben schneiden und darüber verteilen. Die Zwiebel hacken und mit dem grünen Pfeffer über das Fleisch und Gemüse streuen.

Den Senf mit dem Salz im Essig auflösen und anschließend das Öl hineinrühren. Die fertige Vinaigrette über den Salat träufeln und mit Weißbrot servieren.

In dieser Küche wird alt und modern kombiniert: mit zweifarbig gestrichenen Einbaufronten. Die obere Farbe wird teilweise abgeschliffen, damit auch die untere Farbe zu sehen ist. Der Boden ist aus leicht gekalkter Lärche.

Wildgröstl

Wenn von einem Braten etwas übrig bleibt, kann man die Reste zu einem Gröstl verarbeiten, das genauso gut schmeckt wie der ursprüngliche Braten. Dabei eignet sich zu diesem einfachen Kartoffelgericht ein kalter Braten von Schwein, Rind oder Ente, genau wie die Reste von einem Reh- oder Hirschbraten.

Für 2 Personen:

1 Zwiebel	Salz
200 g Reste von einem Wildbraten	Butterschmalz zum Braten
100 g geräucherter, durchwachsener Speck	getrockneter Majoran
	Pfeffer aus der Mühle
750 g Pellkartoffeln	2 Eier

Die Zwiebel hacken, Fleisch und Speck in Streifen schneiden. Die Pellkartoffeln schälen, in Scheiben schneiden, salzen und in Butterschmalz braten.

In einer zweiten Pfanne Fleisch, den Speck und die Zwiebeln anbraten. Mit Majoran und Pfeffer würzen und mit den Bratkartoffeln vermischen.

Zwei Spiegeleier braten und dazu servieren.

Eine klassische Landhausküche, handgestrichen in Crème, die Profile leicht in Ocker gefasst. Der Boden ist aus Botticino-Quadern. Der schwarze Herd und der dunkle Windsor-Stuhl bilden einen Kontrast zu den hellen Farben der Schränke und des Bodens.

Esstische

Blick von oben in einen offenen Wohnraum mit festlich gedecktem Tisch. Der Boden besteht aus altem Fischgrätparkett.

Moderner Raum mit Esstisch, versehen mit einer Tischplatte aus venezianischem Mosaik. Im Hintergrund eine Einbauküche in hochglanz-lackiertem Ahorn sowie Arbeitsplatten aus schwarzem Granit.

Das Brennhäusl im Sommer

Schnapsbrennen

Oberhalb von Kirchberg in Tirol liegt der Eibental-Hof, der seit Maria Theresias Zeiten das Brennrecht besitzt. Thomas hat den Hof schon längst seinem Sohn Sepp übergeben und das lässt ihm genügend Zeit, sich um die Schnäpse zu kümmern. Nach dem frühen Tod seines Vaters hat er diese Kunst von seiner Mutter gelernt, weiter gepflegt und verfeinert.

Er brennt nicht nur Obstler, Kirsch und Marille, sondern auch Enzian, Vogelbeere, Quitte und Heidelbeeren (oder Moosbeeren, wie man sie hier nennt) und stellt zudem Kräuter- und Obstliköre her.

Am Hang oberhalb des Hofes erntet er jeden Sommer die Moosbeeren in riesigen Mengen, denn er benötigt 30 Liter Beeren, um einen Liter Schnaps zu produzieren.

Enzian im Frühling

Der so genannte Vorlauf, das erste Destillat, das durchläuft, wird genommen, um die Kühe nach dem Kalben zu beruhigen. Erst der Mittellauf seiner Schätze wird zum Verkauf angeboten – nachdem Thomas und die Familie sich davon überzeugt haben, dass er gut ist.

Süßkirschen, reif zum Pflücken

Brenn-Häusl

Eibental-Schnäpse am Vorderen Sonnberg

Eine Pause beim Brennen im Winter

Glasmacher

In Tirol gibt es ein Schnapserl zu jeder Gelegenheit, »von der Taufe bis zur Leich'«, und der Kitzbüheler Glasmacher Joseph ist für seine Schnapsgläser bekannt. Er fertigt auch Weingläser, Karaffen und Kunstobjekte aus Glas, aber seine Schnapsgläser sind von Gault Millau als die besten Gläser Österreichs prämiert worden.

Sie sind nicht nur ästhetisch in ihrer Form, sie erfüllen auch den Zweck, das Aroma zu bündeln und machen einen einfachen Obstler zum edelsten Tropfen. Jedes Glas ist ein Unikat und wird von ihm am Fuß signiert.

Der Meister bei der Arbeit

Joseph begutachtet ein fertiges Glas in seinem Kitzbüheler Atelier.

Begrüßungs-Schnapsgläser ohne Fuß

Der erste Probeschluck aus einem neuen Glas

Die gleiche Zirbelstube mit Sicht auf die Kassettendecke, ornamentiert mit Sternen aus Nuss und Ahorn.

Barock-Zirbelstube mit Kassettenboden aus alter Fichte, die Ränder aus Lärche. Im Hintergrund ein Wiener Empire-Kachelofen.

Bibliothek

Ein Arbeitszimmer mit Bücherregalen aus Eiche im Barockstil, mit Säulen und Kapitellen, gelaugt und gewachst.

Gamsjagd

Die Gamsjagd verlangt mehr an Ausdauer und jagdlichem Können als irgendeine andere Jagd. Im Sommer steht das Wild hoch oben am Grat, im Winter muss man durch knietiefen Schnee steigen und, wenn man denn zum Schuss kommt, auf Entfernungen von 200 bis 300 Metern treffen.

Aber das Wildbret hat einen feinwürzigen Geschmack, der mit keinem anderen Wild zu vergleichen ist. Für den Jäger ist ein Gamsbraten oder -gulasch die schönste Belohnung für sein Waidmannsheil.

Überbackener Gamsrücken

Dieses Rezept passt zu jedem Wildrücken, ob Reh, Hirsch, Wildschwein oder Hase.

Für 4 Personen:

50 g Parmaschinken	Salz
50 g kalte Butter	Pfeffer aus der Mühle
3 EL geriebener Meerrettich	Butterschmalz
3 EL Semmelbrösel	500 g Schupfnudeln
750 g enthäuteter, ausgelöster Gamsrücken	1 Bund Rosmarin

Den Parmaschinken in der Küchenmaschine pürieren (oder fein hacken) und mit der Butter vermischen. Anschließend Meerrettich und Brösel darunter mischen.

Den ausgelösten Rücken salzen und pfeffern, in Butterschmalz von beiden Seiten anbraten, mit der Butter-Brösel-Mischung bestreichen und unter dem Grill überbacken oder bei starker Hitze im Ofen bräunen.

In der Zwischenzeit die Schupfnudeln mit frisch gezupften Rosmarinblättern bestreuen und in Butterschmalz braten. Den Rücken in Scheiben schneiden und mit Gemüse der Jahreszeit servieren.

Rehmedaillons mit Bärlauchsauce

Ab Ostern ist überall im Voralpengebiet Bärlauch zu finden, der nicht mit den giftigen Blättern von Maiglöckchen verwechselt werden darf. Auf den Berghängen findet man ihn aber erst Ende Mai.

Für 4 Personen:

600 g ausgelöster Rehrücken (oder Frischlingsrücken)	Butter
250 g Perlzwiebeln	Butterschmalz
1 Hand voll Bärlauch	200 ml Rinderbrühe
250 g grüne Bohnen	Salz
350 g Kirschtomaten	Pfeffer aus der Mühle
Frischer Thymian	150 g Crème fraîche

Die innere Haut vom Rehrücken entfernen und das Fleisch in Medaillons schneiden. Die Perlzwiebeln in Salzwasser kurz blanchieren, jeweils die Enden abschneiden und aus der Haut herausdrücken. Die Stiele der Bärlauchblätter entfernen, die Blätter kurz blanchieren, mit kaltem Wasser abschrecken, ausdrücken und in feine Streifen schneiden. Die Bohnen auch blanchieren.

Die Kirschtomaten mit etwas Thymian in Butter braten, die Perlzwiebeln dazugeben und zum Schluss die Bohnen.

In einer zweiten Pfanne die Medaillons von beiden Seiten mit Butterschmalz anbraten, die Brühe dazugeben, mit Salz und Pfeffer würzen, zugedeckt fertig dünsten und auf eine vorgewärmte Platte geben. Die Crème fraîche und den Bärlauch in die Bratensauce einrühren und mit den Medaillons und dem Gemüse servieren.

Hirschrücken mit Schlehensauce

Es heißt, dass Schlehen den ersten Frost abbekommen sollen, aber das nützt nichts, wenn die Vögel sie schon vorher geholt haben. Auf jeden Fall die frisch gepflückten Schlehen waschen, mit einer Nadel anpieksen und mit Zucker und Gin ansetzen. Das Glas fest verschließen, von Zeit zu Zeit wenden und mindestens drei Monate lang stehen lassen. Schlehengin wird in England oft zwischen den Trieben einer Fasanjagd gereicht und kann auch zum Verfeinern einer Wildsauce eingesetzt werden.

Für 4 Personen:

Schlehengin:

- 150 g Schlehen
- 500 ml Gin
- 8 EL Zucker

Hirschrücken:

- 800 g ausgelöster Hirschrücken
- 18 Grillzwiebeln (oder Schalotten)
- 1 rote Paprika
- 1 Petersilienwurzel
- Butterschmalz
- Salz
- 200 ml Fleischbrühe
- 200 g Sahne
- 100 ml Schlehengin (oder Johannisbeer-Marmelade)
- Cayennepfeffer

Die innere Haut vom Hirschrücken entfernen und das Fleisch in 3 cm breite Steaks schneiden. Die Grillzwiebeln schälen, die Paprika in Rauten und die Petersilienwurzel in Scheiben schneiden. Zwiebeln und Paprika in einer Universalpfanne mit Butterschmalz braten und auf einem Teller zugedeckt warm halten.

Die Steaks in der gleichen Pfanne von beiden Seiten anbraten und salzen. Die Brühe und die Petersilienwurzel dazugeben, zudecken und etwa zehn Minuten fertig dünsten. Die Steaks aus der Pfanne nehmen und warm halten. Die Petersilienwurzel entfernen, die Sauce leicht reduzieren, die Sahne, dann anschließend den Schlehengin einrühren und vorsichtig mit Cayennepfeffer abschmecken.

Die Steaks und das Gemüse mit der Sauce auf einer Platte servieren und mit Schlehen (die allerdings nicht zum Essen gedacht sind) dekorieren oder das Gericht gleich in der Pfanne servieren.

Ofenbau

Sesselofen zum Heizen und gleichzeitig Herd zum Kochen

Ein Grundofen in einer holzgetäfelten Stube

In Tirol heißt es, dass es keinen Monat ohne Schnee gibt – deswegen war eine effiziente Heizung schon immer wichtig. So gemütlich wie ein offener Kamin ist, die Wärmeausstrahlung eines Kachelofens ist intensiver und gibt noch eine Zeit lang Wärme ab, wenn der Ofen ausgegangen ist.

Kachelöfen werden nach zwei Hauptmustern gebaut: Einsatzöfen und Grundöfen.

Beim Einsatzofen sind Brennkammer und Abgasstutzen aus Stahl oder Gusseisen, manchmal mit einem Nachheizkasten für zusätzliche Wärme, und die Außenhülle besteht aus Schamott und Keramik. Der Vorteil des Einsatzofens ist, dass er einen Raum innerhalb einer Stunde erwärmt, während ein Grundofen eine Aufheizperiode von bis zu vier Stunden braucht.

Grundöfen müssen gesetzlich 80 Prozent der Wärme abgeben, die 4–8 Meter langen Rauchgaszüge führen zu einer erheblichen Erhöhung des Wirkungsgrades. Sie können mit Holz, gepressten Briketts, Holzschnitzel oder Pellets beheizt werden, die dicken Schamott-Außenwände speichern die Hitze für bis zu 24 Stunden, nachdem der Ofen ausgegangen ist.

Bei neueren Kachelöfen sind durch ein angeschlossenes Kupferregister auch Fußboden- oder Wandheizungen möglich.

Die zum rechts abgebildeten alten Grundofen passende Feuertür im Gang

Kamine

Die Esse zu diesem Kamin wurde mit Außenseiten von alten gehackten Balken verkleidet, den Feuersockel hat man mit Steinen aus einem abgerissenen Bauernhaus belegt.

Dieser Wohnraum hat einen Kamin aus Sandstein, mit einer gehauenen Bodenplatte aus dem siebzehnten Jahrhundert. Die Couchtische entstanden aus einer alten Hobelbank.

Wein
INCPT4
FULL

Bratwürste und Kartoffeln

Die Esse einer Almhütte. Man erkennt seitlich einen Arm: damit konnte man in einem Kessel den Käse anrühren.

Ein einfaches Gericht am offenem Kamin zu brutzeln macht mehr Spaß, als Spezialitäten in einer modernen Designerküche zu kreieren.

Die Würste in Butterschmalz braten und aus der Pfanne nehmen. Pellkartoffeln in der Pfanne braten, sodass sie schön knusprig werden, die Würste darauf legen und wieder aufwärmen. Mit Pfeffer und eventuell mit Majoran würzen. Aus der Pfanne essen, einen Schnaps trinken und ruhig eine zweite Portion in die Pfanne geben.

Szegediner Kesselgulasch

Für 15–18 Personen:

4 kg Schweinegulasch	1 $^{1}/_{2}$ kg Sauerkraut
8 Zwiebeln	800 g Tomatenfleisch
1 Stange Lauch	3 Zehen Knoblauch
Schweineschmalz	2 rote Paprika
Salz	250 ml Weißwein
8 El mildes Paprikapulver edelsüß	400 g süße Sahne
4 TL gemahlener Kümmel	400 g saure Sahne
500 ml Fleischbrühe	Cayennepfeffer

Das Fleisch in Stücke von 4 cm Größe schneiden. Die Zwiebeln und den Lauch in Scheiben schneiden und über einem Holzfeuer im Kessel mit Schmalz anbraten. Das Fleisch dazugeben, anbraten, mit Salz, 4 Esslöffel Paprikapulver, Knoblauch und 2 Teelöffel Kümmel würzen und mit Brühe ablöschen.

Das Gulasch fast fertig dünsten, das Sauerkraut, das Tomatenfleisch, die in Streifen geschnittene Paprikaschote, das restliche Paprikapulver sowie Kümmel dazugeben und mit dem Wein ablöschen. Gut vermischen, die Flüssigkeit reduzieren, die süße und die saure Sahne dazugeben und zum Schluss mit Cayennepfeffer abschmecken. In tiefen Tellern mit einem Kännchen saurer Sahne servieren.

Im Kessel kann man größere Mengen Gulasch zubereiten und am Lagerfeuer im Freien schmeckt es einfach besser.

Balkone

Ursprünglich war der Balkon gedacht, um bei jedem Wetter die Wäsche trocknen zu lassen.

Heute ist der Blumenschmuck der ganze Stolz der Hausfrau.

Blumenkästen im Winter, mit Latschen- und Heidekrautschmuck

Ein Balkon, geschmückt mit Kapuzinerkresse und Geranien

Topfenknödel mit Rhabarberkompott

Zu Topfenknödel passt Zwetschgen- oder Marillenkompott, auch die Rhabarberzeit sollte man ausnützen.

Für 4 Personen:

- 750 g Rhabarber
- 1 Mango
- Zucker
- einige Nelken
- 250 g Topfen (Quark)
- 100 g Butter
- 1 Prise Salz
- etwas geriebene Zitronenschale
- 2 Eigelb
- 3 Eiweiß
- 75 g Mehl
- 100 g Semmelbrösel
- geröstete Butterbrösel

Den Rhabarber putzen und in Stücke schneiden. Die Mango schälen und ebenfalls in Stücke schneiden. Die Fruchtstücke zuckern und mit Nelken und etwas Wasser dünsten.

Den Topfen durch ein Sieb streichen und mit Butter, Salz, 1 EL Zucker, Zitronenschale und Eigelb verrühren. Mehl, Semmelbrösel und das steif geschlagene Eiweiß dazugeben und zu einem glatten Teig verrühren.

Den fertigen Teig zu Knödeln formen und etwa 15 Minuten in leicht sprudelndem Salzwasser kochen. Mit Butterbröseln und Kompott servieren.

Sommer-Obstsalat mit gemischten Beeren

Die Himbeeren und Brombeeren möglichst nicht waschen und den Obstsalat erst kurz vor dem Servieren vermischen.

Für 4 Personen:

250 g Kirschen	150 g Blaubeeren
250 g rote Johannisbeeren	150 g Brombeeren
250 g Himbeeren	Zucker, frische Minze

Die Kirschen entkernen und mit jeder Kombination von Sommerbeeren vermischen, gut zuckern, mit Minze dekorieren und mit Crème Double servieren – der Höhepunkt des Sommers!

Marillen gedeihen fast am besten als Spalierobst an einer Südwand

Tarte mit Marillen

Eine Tarte schmeckt auch gut mit Äpfeln, Zwetschgen oder Kirschen. Bei Äpfeln etwas flüssige Aprikosenmarmelade darübergießen.

Für 6 Personen:	300 g Mehl
250 g kalte Butter	1 kg Marillen (Aprikosen)
250 g Quark (20%)	Butter zum Einfetten der Form
2 Prisen Salz	Zucker

Die kalte Butter in Würfel schneiden und mit dem Quark in eine Schüssel geben, das Salz darüberstreuen und mit einer Gabel gut vermengen. Das Mehl dazugeben und zu einem Kloß kneten. Kühl stellen und eine Stunde ruhen lassen. Die Marillen in Scheiben schneiden.

Eine Quicheform von 28 cm Durchmesser mit Butter einfetten und den Teig ausrollen. Mit Hilfe des Nudelholzes die Form damit füttern unddie überhängenden Ränder abrollen. Den Teig mit den Früchten belegen, nach Geschmack zuckern und die Tarte eine Stunde im Ofen backen.

Warm oder kalt mit Crème double servieren.

Treppen

Alte Balken und sonnenverbrannte Bretter

Die frei tragende Wendeltreppe hat ein schlichtes schmiedeeisernes Geländer mit Kerzenhalter. Der Boden ist aus Eichen-Fischgrätparkett.

Keller

Ein richtig angelegter Keller ist genauso wichtig wie die Schätze, die darin gelagert werden. Der Boden darf nicht betoniert werden, sondern sollte mit Backsteinen ausgelegt und die Ritzen mit Quarzsand gefüllt werden. Ideal ist es, wenn er sommers wie winters eine gleichmäßige Temperatur von 13 Grad hält. Er darf auch nicht feucht sein und es muss für eine ausreichende Luftzufuhr gesorgt sein.

Erst dann kann man sich überlegen, welche Weine man lagern möchte und welche man besser gleich trinkt!

Wein-Chaudeau mit Erdbeeren

Ein guter Weinkeller sollte nicht nur trockene Weine lagern – zu diesem Dessert würde beispielsweise ein halbtrockener Riesling oder eine Scheurebe gut passen. Als Früchte passen auch Waldbeeren sehr gut dazu.

Für 4 Personen:

- 6 Eigelb
- Saft von $^1/_2$ Zitrone
- 4 EL Zucker
- 1 Glas fruchtiger Weißwein
- 250 g Erdbeeren

Eigelb, Zitronensaft und Zucker über einem kochenden Wasserbad mit einem Schneebesen cremig schlagen. Den Wein nach und nach dazugeben.
Auf 4 kleine Teller verteilen, mit den Erdbeeren servieren.

Schlafräume

Holzdecke und Wand aus gehackten Balken geben diesem Schlafraum zusätzliche Wärme.

Ein Schlafzimmer mit original alten Fichtenbetten, dahinter eine Wand, die mit Trompe l'Œils bemalt wurde. Der Dachstuhl ist aus gehobeltem Altholz.

Ein helles Schlafzimmer, das durch den Eck-Einbau den Raum optimal ausnutzt.

Tausendundeine Nacht in Tirol: Die geschnitzten Holzbalken aus dem Jahr 1726 sind ein dekoratives Element in diesem schlichten Raum.

Ein Bett aus modernem Straußenleder und geriffelten Rahmen in Silber verleihen diesem Schlafzimmer eine ganz besondere Atmosphäre.

Bäder

Die Platten, mit denen die Badewanne eingefasst wurde, sind aus australischem Onyx. Die Ornamente hat man aus dem Haus des Chefstuckateurs von Ludwig II. ausgebaut und restauriert. Ein Kirchenmaler verlieh der Kuppel ihre plastische Anmutung, zudem leuchtet sie nachts wie ein Sternenhimmel.

Der wellig ausgegossene Betonboden zu diesem Bad ist sandfarben eingefärbt. Die Wannenverkleidung besteht aus sonnenverbrannten Brettern.

Badezimmer unter der Dachschräge, komplett in Holz gehalten. Der Boden besteht aus Fischgrätparkett, der Spiegelrahmen wurde mit Hirschhorn-Elementen dekoriert.

Ein Badezimmer mit original alten Bodenplatten. Die Wandtäfelung ist aus Fichte und wurde, wie im Spiegel erkennbar, weiß patiniert.

Die Wände dieses Waschraums bestehen aus original alten Vertäfelungen, die Umrandung des Spiegels wurde aus angeschwemmten Ästen gefertigt.

Ein Badeverbau mit einer Platte aus dreihundertjähriger Eiche. Die Spiegelumrandung wurde aus Hirschgeweihenden kreiert.

Arbeiten mit Stein und Grotto

Das Arbeiten mit Stein besteht nicht nur darin, Wände, Böden und Arbeitsflächen zweckbetont zu verkleiden. Es geht vielmehr darum, Objekte zu schaffen, die in ihrer Materialauswahl, Oberflächenbehandlung, Einzigartigkeit und handwerklichen Verarbeitung einen künstlerischen Anspruch erfüllen – dadurch sind sie von bleibendem Wert.

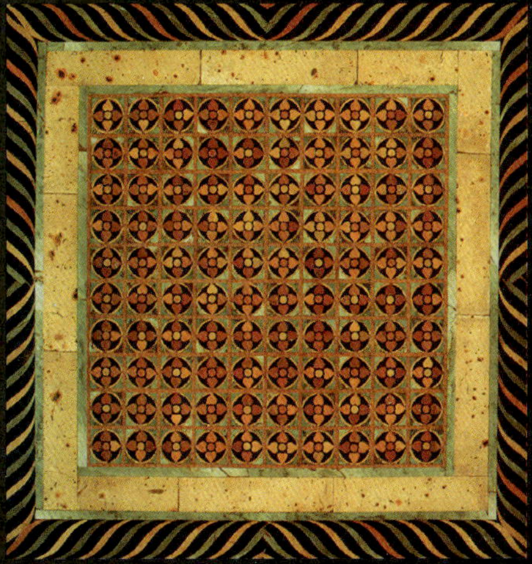

Wirtschaftsraum

Dieser Wellnessraum wird gleichzeitig als Wirtschaftsraum genutzt. Die Geräte werden durch Türen kaschiert: Sie sind aus alten Zirbenpaneelen mit original Ornamenten.

Ein Haus im Wandel der Jahreszeiten

Der ehemalige Wilddieb Peter Risser mit seiner Familie

Das alte Forsthaus in Hinterriß war ursprünglich eine Enzianbrennerei. Es wurde vor 1800 erbaut und die Holzbezugsrechte, die bis heute erhalten geblieben sind, stammen aus dieser Zeit. 1830 wurde das Haus als Revierverwaltung für das Forst- und Jagdgebiet des Herzogs von Sachsen-Coburg-Gotha erworben. In der zweiten Hälfte des neunzehnten Jahrhunderts hatten die Auseinandersetzungen zwischen Wilderern und Förstern im bayrisch-österreichischen Grenzgebiet Ausmaße angenommen, die die Gesetzlosigkeit des Wilden Westens wie Kindergartenstreiche erscheinen lassen. Nach dem Prinzip *set a thief to catch a thief* beschloss die herzogliche Verwaltung 1870, einen berüchtigten Wilderer namens Peter Risser als Wildhüter einzustellen, um mit den Wilddieben aufzuräumen.

Risser zog in das Forsthaus ein, griff hart durch und brachte in kürzester Zeit Ruhe in das prächtige Hochwildrevier, in dem der europäische Hochadel auf die Pirsch ging.

1995 wurde die Jagdverwaltung nach Scharnitz verlegt und das Forsthaus von den Münchner Galeristen Helmut und Meisi Grill erworben. Das altehrwürdige Haus wurde über einen Zeitraum von vier Jahren liebevoll renoviert, zwei neue Grundöfen wurden eingebaut und der Garten neu angelegt. Das Wild zieht nach wie vor über die Hänge hinter dem Haus und wie man sieht, ist der Geist des Forsthauses erhalten geblieben. Der Einzige, der im Revier wildern würde, ist Dackel Toni, wenn man ihn denn lassen würde!

Der neue Garten

Die Küche mit Grundofen und Elektroherd

reiner
CACAO
EDUSCHO
Kaffee
imperial
18:09

Stubenküken mit Morcheln

Brathühner sind sehr alltäglich geworden, aber Stubenküken im Frühjahr mit dem ersten grünen Spargel sind ein kulinarisches Erlebnis!

Für 6 Personen:	Salz
24 getrocknete Morcheln	Butterschmalz
250 ml halbtrockener Weißwein	Pfeffer aus der Mühle
6 Stubenküken	Butter

Die Morcheln in Weißwein einweichen. Die Stubenküken ofenfertig putzen, innen gut salzen mit jeweils 2 Morcheln füllen und die Keulen am Bürzel zusammenbinden. Die Rücken gut salzen, mit den Brüsten nach oben in einen Bräter legen und die Rücken auf der Herdplatte in Butterschmalz anbraten.

Anschließend 2 EL Butter dazugeben, die Stubenküken außen salzen und pfeffern und im Ofen etwa eine Stunde langsam braten. Nach 30 Minuten einmal übergießen und die restlichen Morcheln mit der Einweichflüssigkeit und dem Weißwein dazugeben.

Die Sauce eventuell verdünnen und die fertigen Stubenküken mit neuen Kartoffeln, Kirschtomaten und grünem Spargel servieren.

Gugelhupf

450 g Mehl	3 Eigelb
75 g Zucker	120 g zerlassene Butter
2 Prisen Salz	Butter zum Ausfetten
abgeriebene Schale von 1 Zitrone	ca. 2 EL Semmelbröseln
25 g Hefe	1 Päckchen Vanillezucker
250 ml Milch	

Mehl, Zucker, Salz und Zitronenschale in eine Rührschüssel geben. Die Hefe in Milch auflösen, das Eigelb und die zerlassene Butter dazugeben. Zu einem glatten Teig mischen.

Eine Gugelhupfform mit Butter ausfetten und mit Semmelbröseln bestreuen. Den Teig hineingießen und 1 Stunde an einem warmen Ort aufgehen lassen. Den Gugelhupf bei mittlerer Hitze eine Stunde im Ofen backen. Auskühlen lassen, stürzen und mit Vanillezucker bestreuen.

Man kann natürlich auch eine Hand voll Rosinen dazugeben.

Gebackene Birnen

Für 4 Personen:

4 festfleischige Birnen	6 Eigelb
3 EL zerlassene Butter	1 Tüte Vanillezucker
Saft von 1 Zitrone	200 ml Milch
3 $^{1}/_{2}$ EL Zucker	2 EL Rosinen

Die Birnen schälen, vierteln und das Kerngehäuse entfernen. In eine kleine Souffléform mit den Spitzen nach oben stellen. Mit zerlassener Butter und der Hälfte des Zitronensaftes übergießen, dann mit 2 EL Zucker bestreuen. Etwa 30 Minuten backen, bis die Spitzen sich verfärben.

In der Zwischenzeit das Eigelb mit dem restlichen Zucker, dem restlichen Zitronensaft und dem Vanillezucker über einem Wasserbad cremig schlagen und nach und nach die Milch dazugeben. Über die Birnen gießen und zum Schluss mit Rosinen bestreuen.

Schmiedearbeit

Trotz der modernen Schmiede ist die Arbeit am Amboss gleich geblieben und der Schmied trägt wie früher noch eine Lederschürze.

Gartentore, fertig zum Liefern

Holztor mit hand-
geschmiedeten
Bändern

Sauna

Nach einer Wanderung im Sommer oder nach dem Skifahren im Winter ist ein Saunagang das wirksamste Mittel gegen Muskelkater. Diese Saunahütte wurde aus »abgeblattlten« Fichtenrundlingen mit Buchenzapfen gebaut, die Ritzen hat man mit Moos abgedichtet.

Sie hat den Vorteil, dass man auch während des Saunagangs das Alpenpanorama genießen kann, im Freien duschen oder sich im Winter direkt vor der Tür, wie ein Sennenhund, im Schnee wälzen kann.

Schwammerl

Ein Schwammerlwald im Herbst, oberhalb von Kitzbühel

Man muss den richtigen Tag erwischen …

Eierschwammerl mit Kaninchen-Medaillons

Zu einem solchen Pfannengericht kann man eine Mischung von verschiedenen Waldpilzen nehmen. Reh- oder Schweinefilet passen auch dazu oder man kann das Fleisch kann man ganz weglassen. Wichtig ist, dass man nicht zu viel Pilze auf einmal in die Pfanne gibt, da sie sonst matschig werden.

Für 2–3 Personen:

750 g Pfifferlinge	1 Kaninchenrücken
2 Zwiebeln	Butter zum Braten
2 Scheiben durchwachsener Räucherspeck	Salz
	Pfeffer aus der Mühle
	1/2 Bund Petersilie

Die Pfifferlinge putzen, die Zwiebeln hacken und den Speck in Würfel schneiden. Das Fleisch vom Kaninchenrücken auslösen, enthäuten und in Medaillons schneiden.

Die Kaninchenstücke in einer großen Pfanne von beiden Seiten braten, salzen und pfeffern, aus der Pfanne nehmen und mit Folie zudecken.

In der gleichen Pfanne die Zwiebeln und den Speck anbraten, die Pfifferlinge dazugeben, mit Salz und Pfeffer würzen und gut vermischen. Die Pfifferlinge mit gehackter Petersilie bestreuen und die Kaninchenmedaillons dazulegen.

Eben

Trachten

Wie einst die Freiheitskämpfer!

Ohne Loden sind Trachten undenkbar – zum Skifahren im Winter oder auch bunt im Sommer!

Hubert Müller-Bauer unterwegs mit Lodenweste und Schneegamaschen aus seiner Produktion

Loden

Der Begriff Loden kommt aus dem Althochdeutschen: »lodo« bedeutet zottiges, fransiges Wollzeug. Es besteht aus reiner Schafschurwolle, ist wasserabweisend, atmungsaktiv, temperaturausgleichend und durch den hohen Gehalt an Woll-Lanolin schmutzresistent. Heutzutage wird Tuchloden aus feiner Merinowolle hergestellt und Gebirgsloden, wie eh und je, aus der gröberen Wolle von Schafen aus der Alpenregion.

Die Beschaffenheit des Tuches entsteht durch Walken, einer Technik, die es seit dem Mittelalter gibt. Das Wollgewebe wird so lange in Warmwasserbädern behämmert, bis sich die Wollfasern der gesponnenen Fäden untereinander verfilzen und schrumpfen. Dadurch entsteht ein dichtes Wollgewebe, das Wasser und Wind nicht mehr durchlässt. Beim Walken

Lodenrucksack und Kotze

Ein kleiner Wetterfleck, den man bei jedem Wetter dabeihaben sollte

werden dem Tuch Gerbsäure aus Eichenholz, Kernseife, Tonerde sowie pflanzliche Färbemittel beigemischt.

Kaiser Maximilian I., der in Innsbruck residierte und ein leidenschaftlicher Gamsjäger war, schrieb in seinem »Geheimen Jagdbuch«: »Graue und grüne Kleidung sollst Du zur Jagd nehmen, halb grau und halb grün, geviertelt, denn dies ist für die Hirschen und Gemsen die beste Farbe.« Damit meinte er die natürlich melierten Farbtöne des klassischen Lodens. Die Firma Hubertus in Grünwald verarbeitet Loden, der seit 360 Jahren in ähnlicher Art wie damals hergestellt wird, aber auch leichteren Tuchloden und Filz als Sitzkissen und Jagdutensilien, die bei Jägern und Naturfreunden immer mehr an Beliebtheit gewinnen.

Zu einer Garderobe auf dem Lande gehört mehr als eine Reihe Haken, um Kleidung aufzuhängen. Man benötigt etwas Platz, um die Bergschuhe und Gummistiefel bequem anzuziehen, und einen Stiefelknecht, um sie auszuziehen, sowie Platz, um sie abzuwaschen und wieder einzufetten. Ob Sie auf die Jagd gehen oder nur wandern, ohne Hund macht der Weg nur halb so viel Spaß und im Stiefelraum sollte man auch die Möglichkeit haben, einen Vierbeiner sauber zu machen und zu trocknen. Peter und Brigitte Meier sind beide begeisterte Jäger und Angler, führen nicht nur Schuhe und Stiefel, sondern auch Tweed, Loden und Wachstuch für *country life and field sports*, nach dem Motto: Schlechtes Wetter gibt es nicht, sondern nur unpassende Kleidung. Es gelingt ihnen, Mode mit klassischen Trachten zu kombinieren, die nach alter Lebensart in die Landschaft

oder vor einen offenen Kamin passen. In ihrem Geschäft in der Münchner Residenzstraße gibt es Schuhwerk für den Jäger, Reiter, Golfer, Angler und anspruchsvollen Städter. Die Schuhmacherei wurde 1596 zum ersten Mal urkundlich erwähnt und 1895 von Prinzregent Luitpold zum Hoflieferanten ernannt. Im Geschäft hängt ein Ölgemälde vom Maler Kaulbach, das Luitpold zu Fuß im Gebirge mit seinen Jägern zeigt.

Es heißt, dass der Prinzregent so gut zu Fuß war und das Tempo derart forcierte, dass sein Gefolge nicht mitkam und versuchte, ihn so oft wie möglich zum Reiten zu zwingen.

Hundert Jahre später konnte das Schuhhaus die hier abgebildeten Haferlschuhe für seinen Urenkel, den verstorbenen Herzog Albrecht, genau nachfertigen.

Picknick

An fast allen Seen der Alpen sind Stockenten heimisch und im Herbst, wenn sich das Laub verfärbt und der »Altweibersommer« noch wärmt, gibt es nichts Schöneres als ein Picknick mit gebratenen Wildenten auf Sauerkraut. Man kann sie natürlich mit einem normalen Küchenherd zubereiten, aber es macht mehr Spaß, sie in einem Dutch Oven unter freiem Himmel zu brutzeln und, während sie garen, ein gutes Glas Wein zu genießen.

Dutch Oven

Das wichtigste Gerät zum Kochen im Freien ist ein Dutch Oven, der neuerdings aus Amerika importiert wird. Damit kann man dämpfen, dünsten, braten, backen, frittieren und ihn sogar auch wie eine Bratpfanne benützen. In den USA ist Dutch Oven Cookery Kult und es gibt Ovens, die von Generation zu Generation vererbt wurden, seit der Siedlerzeit des Wilden Westens! Es sind gusseiserne Töpfe mit drei Füßchen und einem Deckel mit Rand, sodass Grillkohle daruntergeschoben werden kann und noch dazu auf den Deckel gelegt wird. Dadurch bekommt der Topf Hitze sowohl von oben als auch von unten. Durch das Material wird eine perfekte Hitzeverteilung erreicht und ein erstaunlich niedriger Verbrauch an Kohlebriketts. Man kann auch mit Holzkohle oder -Glut arbeiten, aber Briketts geben eine stärkere Hitze ab und sind als gleichmäßige Hitzeeinheiten mengenmäßig leichter zu kalkulieren.

Dutch Ovens sind in allen Größen mit dem Durchmesser in Inches oder Zoll markiert und die Faustregel für die Zahl der Briketts, die benötigt werden, ist: 3 weniger als der Durchmesser unter dem Topf und drei mehr auf dem Deckel. Zum Beispiel, bei einem 10 Inch Dutch Oven würde das bedeuten, 7 darunter und 13 auf dem Deckel. Wenn man noch nie mit einem Dutch Oven gearbeitet hat, tendiert man dazu, die Wirkung der Kohlebriketts zu unterschätzen. Bei meinem ersten Versuch habe ich noch zusätzliches Holz dazugegeben mit dem Ergebnis, dass ein wunderschöner Schweinebraten in 15 Minuten total eingeäschert wurde!

Als zusätzliche Ausrüstung braucht man allerdings einen Heber für den Deckel, den man sonst kaum abnehmen kann, den Ständer für den Deckel und eine Zange für die glühenden Briketts.

Gebratene Wildenten schmecken auch den kleinsten Familienmitgliedern.

Wildenten mit Sauerkraut

Für 12 Personen:	250 ml Riesling
5 küchenfertige Wildenten	Zucker
Salz	500 g durchwachsener Räucherspeck
5 Zwiebeln	Pfeffer
2 1/2 kg Sauerkraut	24 festkochende Kartoffeln
20 Wacholderbeeren	Gänseschmalz

Die Kohlebriketts anbrennen. Die Enten waschen, trockentupfen und jeweils die Fettdrüsen am Bürzel entfernen. Innen gut salzen, mit einem kleinen Spieß verschließen und in einem 16 Inch Dutch Oven über Glut von allen Seiten anbraten. Den Topf vom Feuer nehmen und die Enten auf ein Brett legen.

Die Zwiebeln in Scheiben schneiden und in einem 14 Inch Dutch Oven über Glut mit Gänseschmalz glasig braten. Das Sauerkraut mit den Wacholderbeeren dazugeben, gut vermischen, mit dem Riesling ablöschen und eventuell mit etwas Zucker abschmecken.

Den Boden vom großen Topf mit Speck belegen und das Sauerkraut darauf verteilen. Die Enten außen salzen und pfeffern und mit den Brüsten nach oben dazulegen. Das Gericht mit 15 Briketts unter dem Topf und 22 auf dem Deckel 1 Stunde und 40 Minuten fertig dünsten.

Die Kartoffeln schälen und in Wasser aufbewahren. Den kleinen Topf mit Küchenkrepp auswischen, auf den großen Topf stellen, die Kartoffeln mit zwei Esslöffeln Gänseschmalz wieder dazugeben. Salzen, 15 Briketts auf den Deckel legen und für die letzten 35 Minuten die Kartoffeln fertig garen.

Ein Dutch Oven braucht erstaunlich wenig Kohle, um die Enten perfekt butterweich zu braten.

Die Enten vierteln, auf dem Sauerkraut im Dutch Oven servieren und einen frischen Riesling dazu trinken.

Das Gericht kann auch in einem normalen Ofen zubereitet werden: Sie brauchen zwei Enten in einem zugedeckten Bräter. Bei mittlerer Hitze die Rücken anbraten und die Brüste insgesamt ca. 2–2 $^{1}/_{2}$ Stunden bräunen, den Deckel erst zum Schluss abnehmen.

Rezeptverzeichnis

Eierschwammerl mit Kaninchen-Medaillons 137
Gamsrücken, überbacken 78
Hirschrücken mit Schlehensauce 82
Lammkeule mit Rosmarin 36
Martinigans, gefüllt 49
Rehmedaillons mit Bärlauchsauce 81
Rindfleisch-Salat 53
Saiblinge mit Lorbeer und Wacholder 44
Schweinsbraten 28
Stübenküken mit Morcheln 129
Szegediner Kesselgulasch 92
Tafelspitz mit Sauerrahmsauce 52
Ungarisches Gulasch 41
Wildenten mit Sauerkraut 148
Wildgröstl 56

Birnen, gebacken 131
Guglhupf 130
Sommer-Obstsalat 99
Tarte mit Marillen 100
Topfenknödel mit Rhabarberkompott 98
Wein-Chaudeau mit Erdbeeren 104